JN410951

백록담

사십편시선 018

김규중 시집

백록담

2015년 11월 16일 제1판 제1쇄 인쇄
2015년 11월 23일 제1판 제1쇄 발행

지은이 김규중
펴낸이 강봉구

편집 김영미
디자인 bonggune
인쇄제본 (주)아이엠피

펴낸곳 작은숲출판사
등록번호 제406-2013-000081호
주소 100-250 서울시 중구 퇴계로 32길 34(예장동) 2층
전화 070-4067-8560
팩스 0505-499-8560
홈페이지 http://cafe.daum.net/littlef2010
이메일 littlef2010@daum.net

ISBN 978-89-97581-83-2 03810
값은 뒤표지에 있습니다.

백록담

김규중 시집

작은숲

| 시인의 말 |

제목이
내가 좋아하는 정지용 시인의 시집 제목
『백록담』과 같다.
그 정신에 다다르기에는 턱없이 모자라서
부끄럽지만
여기서 태어나고 지금까지 살고 있다.

두 번째 시집이다.
첫 시집을 내고 13년이 걸렸다.
딴짓하고, 머뭇거리고……
앞으로도 계속될 것 같다.

| 차례 |

제1부

제2부

제3부

제1부

가을 나무 앞에서 1

가을 나무는 나뭇잎을 지우며
더 큰 그늘을 만든다

가을 나무는 열매의 기억을 지우며
더 많은 산 것들을 불린다

마지막으로
가을 나무는 수고로운 눈물을 밖으로 보내며
더 깊은 겨울밤을 견딘다

가을 나무 앞에서 2

어느새 눈이 침침해 아침에 머리카락 몇 올 빠져 어깨에 떨어지고 이젠 에너지 하나로는 부족해 추위에 근육과 뼈가 오래된 침대처럼 소리하고 이젠 두 개의 위로가 필요해 돌아갈 수 없는 지나 온 길, 어느새 오십 중반, 살아온 만큼 여전히 살아가고 싶은 욕망, 쌓아 올린 것이 너무 낮고 모아 놓은 것이 아직도 아직도 나는 무엇 하나 버리지 못해

가을 나무는 찾아갈 봄이 있어
저렇게 나뭇잎을 버린다

겨울 숲에서

겨울 나무에 흰 눈이 쌓였다

하느님이
일년 동안 수고했다고
겨울 나무의 야윈 어깨에
하얀 손을 얹어주고 있었다

돌감나무

걸어서 출퇴근하는 소롯길에
홀로 서있는 돌감나무
여드름 터지듯 가지마다 열매가 익었다

가을이 다 가도록
누구 하나 따가는 사람 없어
알감은 나뭇가지에 꼬치처럼 매달렸다

술안주로 하늘에 놓여 있다

더러는 새에게
더러는 햇살에게
더러는 바람에게

더러는 이미 속알까지 주어 거칠거칠 갈색으로 쪼그라
들었다

늙은 어미의 젖꼭지처럼
늙은 아비의 불알처럼

발견

오십 중반을 넘어

조금만 더가 아닌
조금만 덜

가장 어렵다

나무의 등산

한라산을 오르다
나무의 등산을 보았다

어리목에서 Y계곡 건너
사제비 숲을
나무는 나보다 큰 키로
산을 오르고 있었다
큰 그늘을 펼치고 있었다
사제비 벗어나
만세 동산으로 가는 길
나무는 무릎을 꿇어
높은 포복으로 낮추어 오르고 있었다
바람에게 경배하고 있었다
만세동산 넘어
윗세오름에 가까워질수록
나무는 발목 높이

낮은 포복으로 오르다가
급기야
백록담 바로 앞에서
나무는 오체투지로
산을 껴안고 있었다

나무와 나의 손

공원숲 속 의자에 앉아 나무를 본다
뿌리에서 올라온 나무 기둥이
기둥으로만 끝나지 않고
다섯 가지, 열 가지로 뻗어 있다
나의 손을 본다
나의 손이 나뭇가지와 닮았다
심장에서 솟아나온 팔이
팔로만 끝나지 않고
다섯 손가락, 열 손가락으로 뻗어 있다
나의 손을 나무에 갖다 댄다
서로가 일자로 끝나지 않아서 다행이야
바람은 가지에 걸려 잠시 쉬고
새는 마음 두는 곳에 둥지를 치고
잎은 가지에 달려 햇살을 만나고
다시 나의 손을 나무에 갖다 대면
우리는 일자로 끝나지 않아서 다행이야

어느새 초경이 지난 딸아이에게 문자를 보내고
죽은 열대어 한 쌍을 땅을 파서 묻고
구순 넘으신 어머니 다리 따뜻이 하고

그처럼
오랫동안 비어있던 공원 의자에 앉아
비어있는 손을
나의 손을 나무에 갖다 댄다
나의 몸을 나무에 갖다 댄다

어리석은 질문 1
- 나무

나무는 왜 지치지 않는 것일까

일년을 서 있어도
백년을 팔 벌려 있어도
천년을 꽃이 피고 지고 피고 지고 해도

폭풍우에 큰 가지 꺾이어도
가뭄에 나뭇잎이 메말라도
나무는 왜 지치지 않는 것일까

둥지에 새가 돌아오지 않던 날
마지막 남은 열매가 사라지던 날

나무는
왜
끝끝내

서서 죽는 것일까

어리석은 질문 2
– 제주 바다

제주 바다는 왜 얼지 않는가

북극의 베링해협처럼
쇄빙선의 날카로운 칼이
나의 가슴을 가르는
빙하의 모습이 그리운가

노아의 방주처럼
거대한 이글루를 만들고
설상차를 몰아 남아있는 생명을 찾아 떠나는
낭만의 모습이 그리운가

일년에 단 하루만이라도
바다가 얼어
나의 감각이 해저 깊은 곳으로 내려앉아
내려앉는

침묵의 모습이 그리운가

제주 바다는 왜 얼지 않는가

피아골 산장지기

피아골 산장지기로 이미 정년을 넘긴 지 오래되어
38년간 지내던 산장을 내려가야 하는
여든을 넘으신 산장지기 할아버지의 방송 인터뷰,
자신은 공해 테스터기라고
도시에 내려가면 몸에 부스럼이 나서 견딜 수 없다고
여기를 떠나면 살 곳이 없다고
주변 사람이 많이 걱정을 하여
다행히 산에 또 다른 거처가 마련되었다는데

내가 도시에서
야! 저기 멋있는 빌딩이 올라가네
저 차는 못 보던 것인데
저 아가씨 옷은 최첨단 패션인데 하고
관심 쏟는 것처럼
그는 피아골에서
야! 올해는 산수유가 매화보다 먼저 꽃을 피우네

이 나비는 작년에는 보지 못했었는데
이 발자국은 겨울잠에서 갓 깨어난 녀석 것인데 하고
관심 쏟았겠지

그를 생각하며 청승맞은 시를 쓰는
지금도
그는 어둠 속에서 꽃피는 소리를 듣고 있겠지

용천 동굴의 미끈망둑이*

몇백 년을 어둠 속에 살아
눈은 장식품으로 함몰하고
비늘이 둘러싼 피부는 한없이 투명해져
어둠의 결을
어둠의 어두운 정도를
어둠의 밝은 정도를 몇십 단계로
구분하고 느끼는
미끈망둑이,
몇백 년을 건너
번쩍—
카메라 조명이 너를 비추었을 때
투명한 피부의 감수성을 압도하는 빛이
너를 둘러쌌을 때
너의 비늘 옆줄은 수축과 팽창을 반복하고
너의 가슴지느러미는 부르르 떨릴 때
쿵—

다시 동굴의 문은 닫히고
어둠이 자유로운 세상에서
몇 년 뒤에 다시 올지 모를 저 빛을
미끈망둑이
너는 잊어버릴까
너는 긴장하고 있을까

* 2010년 9월 제주도 세계자연유산본부는 비공개동굴인 용천동굴 다큐멘터리 제작과정에서 미확인종 동굴성 어류를 발견했다고 밝혔다. 동굴성 어류로는 우리나라에서 최초로 발견되었는데 이 어류는 제주 연안의 '미끈망둑'과 비슷하다고 한다.

일회용 반지

서귀포 앞바다에서 유람선을 탔다
TV에서 익숙한 풍경이 펼쳐졌다
유람객들이 새우깡을 들자
갈매기들이 달려들기 시작했다
갈매기를 가까이에서 찍을 수 있는 좋은 기회였다
카메라의 셔터를 계속 눌렀다
순간, 갈매기가 손가락을 쪼아댔다
따끔, 신기했다
새우깡으로 알고 쪼아대다니, 계속 눌러댔다
이빨이 없는 갈매기는 0.5cm 정도의 상처를 남기고
나는 유람선을 내려 다음 여정을 갔다
가끔 따끔했다
카메라에 저장된 갈매기들을
되돌리고 확대하며 흡족해 하는
손가락이 따끔했다

지난 여름 거문오름 숲에 갔을 때
야생 짐승에게 먹이를 주는 것은
그들의 야성을 죽이는 것이라는
어느 숲해설가의 말에 끄덕끄덕했었지

집에 와 가족에게 상처를 보여주니
신기해하며
조류독감이 걱정이 된다고 했다
괜찮겠지 여겼던
0.5cm 상처를
얼른 소독하고 연고를 바르고
일회용 반창고로
반지처럼
손가락을 감았다

일회용 반지를 낀

손가락을 여러 번 끄덕끄덕했다
야성을 죽이는 것이라는 말에 끄덕끄덕했었지
괜찮았다

오래된 시외버스 터미널

- 석교에게

서울에서 와
길을 걷는다는 친구와 동행하기 위해
아주 오래 전에 이용했던,
희미한 기억 속으로 찾아간
시외버스 터미널

서일주 노선 버스는 11번 탑승구에 있었다

공공미술프로젝트로 겉은
세련되어졌지만 안은
오래전과 달라지지 않은,
시간이 멈추어버린 듯한,
나의 승용차가 네 번 바뀌는 동안
한 번도 바뀌지 않은
시외버스 터미널

사람들은 여전히 버스를 기다리고 있었다

시간이 뒤로 돌아간 듯한 공간
공간 안에 그대로 고여 있는 듯한 시간
그래도 저마다
새로운 시간을 움직이려
새로운 공간을 지으려
사람들은 여기로 와 버스에 몸을 싣고

길을 걷는 친구는 아직도 30년 전 마음이었다

서로의 관심사가 달라진 곳에서는
대화가
중간 중간에 끊기고 했다
친구는 오래된 건물을 달팽이처럼 이고서
아직도 문학청년의 순수와 자존으로

세상의 빠른 시간에 거스르며
그 자리 그대로 움직이며
살아가고 있었다
갈수록 작아 보이는 친구의 모습을
아니 나의 모습을 확인하며
나는 어디에도 있고 싶지 않았다

원 할머니 보쌈 집

제주동부경찰서 사거리
아니 문예회관 사거리
이층집, 아래는
주차장으로 위에는
원 할머니 보쌈집이었는데
지금은 없어지고
다른 식당이 들어서서

가끔 사거리 신호등에 대기할 때는
그 식당을 보며 생각에 잠겼다
한 번도 보쌈을 먹으러 가지 않아서
원 할머니가 어떻게 생겼는지
진짜 그곳에 원 할머니가 계셨는지
궁금했다
식당을 그만 두고서 원 할머니는 뭘 하시는지
그것도 궁금했다

원 할머니를 궁금해 하며
거꾸로 생각해 보았다
다른 사람들도 나를 보며 궁금해 하지 않을까

저 사람 시를 쓴다는데
지금도 계속 시를 쓰고 있는지
몇 년 전에 시집을 낸 것 같은데
몇 사람이나 그것을 사서 읽었는지
그리고 저 사람 참교육 한다고 떠들던데
어찌 학교에서 진짜 교육을 하고 있는지
떠드는 만큼 아이들을 사랑하는지

잘못 걸려온 전화

밤 10시 넘어 걸려온 전화
다급하게
《늦게 죄송한데요. 일자리가 급해서, 생활광고지 보고
전화합니다
《예? 일자리요? 그런 광고 낸 적이 없는데요
《전화번호가 ~ 0158 아닌가요
《0159에요
《죄송하… ㅂ…
어둠 속으로 흔적없이 사라지는 목소리

아침에 보았던 신문기사
'신규구직자 셋 중 둘 일자리 없어요'의
현장을 확인시켜주는 목소리

안정된 일자리에 출근하기 위해
지금은 안정된 잠자리에 들어야 하는

전화가 잘못 걸려온 밤

지하주차장과 나비

지하주차장에 웬 하얀 나비
지하주차장에 어쩔 수 없는 하얀 나비
여기저기 날아다니지만
앉을 곳이 없다
꽃이 없다
풀도 나무도 없다
자동차 머플러에서 바람이 불어오고
주차장 녹색 바닥이 풀밭처럼 펼쳐지고

지하주차장에 하얀 나비
브레이크 등이 빨간 꽃처럼 아름다워
따라 왔는지 알 수 없지만
그것은 순간이었지
지상의 들판에서 지하의 주차장으로
낮과 밤이 구별이 있는 세계에서
낮과 밤이 구별이 없는 세계로

바람이 차기가 함경도 끝과 맞선다*
마라도 가파도에서 시작하는 따뜻한 바람이다
바리오름 방화초소 깃발을 날리는 시원한 바람이다
캔맥주 치킨으로 배가 부른
사내의 모자를 벗기는 바람이다
더 이상 올라갈 곳이 없는 곳에
부는 광막한 바람이다

3

날벌레 수십 마리가
목재 데크에 바짝 붙어 있다
더듬이와 날개가 바람에 떨린다
날릴까봐 목재 데크를 더욱 움켜쥔다
귀신도 쓸쓸하여 살지 않는 한 모퉁이*
처음부터 여기에서 태어났는지

어떻게 여기까지 올라 왔는지
지친 등산화에 밟힌다

4

백록담 조찰한 물을 그리여*
진달래밭 대피소에서
컵라면으로 기력을 회복하였다
백록담까지 험한 돌길이 이어진다
등산로 옆 평지에 중년의 여인이
동료에게 발을 맡긴 채 고통스레 누워있다
발목을 삐었다
가슴에 관광회사 배지를 단
한 무리 남녀가 궁금한 표정으로 올라간다
불구에 가깝도록 고단한* 여인은
모노레일에 의탁하여 내려 갈 것이다

5

먼저 도착한 아들 아이가
힘들게 올라가는 제 누이에게 양팔을 벌려
기쁨을 전한다
딸과 아들아이가 처음으로 백록담에 올랐다
함성 소리가 봉우리를 한 바퀴 돌아
화구 안에서 웅웅거린다
평생 기억에 남는 순간은 어떤 순간일까
두 시부터는 하산을 해야 한다는
관리소 방송 소리가 마음을 재촉한다
삽시에 안개 구름이 사방을 휩싼다
움츠린 아이에게 덧옷을 입힌다

6

등산로 저 멀리
안개 속 고사목들이
살아 오백년 죽어 오백년을
한라산에 의탁하고 있었다

* : '가재도 기지 않는 백록담 푸른 물에 하늘이 돈다', '바람이 차기가 함경도 끝과 맞선다', '귀신도 쓸쓸하여 살지 않는 한 모퉁이', '백록담 조찰한 물을 그리여', '불구에 가깝도록 고단한'은 정지용의 시 「백록담」에서 취함.

백록담 2

항공 사진으로 내려다보면
마치 배꼽 모양을 한
백록담 분화구
탄생의 흔적으로만 남고
멸망할 때까지 아무 일도 하지 못할
지구의 배꼽
백록담 분화구

어승생악 1

길은 어디에 있는가

어승생악을 오르며 생각한다
생태학습장으로 꾸며져
나무와 숲을 친절하게 설명하는 길을 따라
산정에 오르면
또 다른 길을 만난다
내려가는 길도 아닌, 그렇다고 다른 산에 이르는 능선
길도 아닌
땅 속에 매립되어
오랜 세월 그 곳에 머물러 있는 길
대공포 토치카를 만난다
이 길은 가고 오는 길이 아닌
고통스런 흔적, 그냥 막힘으로만 남아 있으니
그래서 생각한다
이민족의 노예로 피흘리며 길을 만들며 오르던 길은

힘없는 백성을 지켜주지 않는 고관대작에 대한 원망은
대체 어디에 있단 말인가
지금도 대공포 토치카에 갇혀 있는가

구좌에서 한림까지 펼쳐진 수평선을
한눈에 내려다보는
길이 멈추어버린 산정에서
나는 생각한다
길은 어디에 있는가

어승생악 2

해협에서 부는 바람이
시간의 숲을 흔든다
산정에 버짐이 돋았다
손님처럼
사월에 철쭉이 피고 진다
오랫동안 길을 잃었다

관음사 코스 1
- 도토리나무

관음사 숲길에 들어섰는데
머리 위에서
뭔가가 발치께로 떨어진다
도토리 열매다
올려다본다
여러 나무들이 울울하다
도토리나무를 찾지 못한다
아니 도토리나무를 알지 못한다
도토리를 주머니에 넣고
다시 산을 오른다

관음사 코스 2

– 물웅덩이

한라산 관음사 코스를 오르다보면
탐라계곡 이르기 전
작은 하천에 물웅덩이 있다
사람 하나 누우면 꽉 찰 크기의 웅덩이
작지만 거기에는
하늘이 펼치고 구름이 흐르고
몇 그루의 나무가 떠 있었다
그리고 올챙이와 무당개구리가
살고 있었다
물웅덩이는 작지만 하나의 우주이리라
거기에서 나고 자라고 죽는
하나의 삶이리라
바람도 없는데 물웅덩이에 비친
나뭇가지가 흔들린다
살랑살랑
다시 살랑살랑

왜일까?
개구리가 수면에 얼굴을 내밀고
꾸억꾸억 소리하고 있었다
나뭇가지를 흔드는 것은
바람만이 아니었다

관음사 코스 3

- 늦가을 물웅덩이

가을을 넘겨
한라산을 오르다가
다시 만난 물웅덩이
여전히 하늘과 구름과
몇 그루의 나무가
그곳을 채우고 있었다
그러나 물웅덩이에서 나고 살던
올챙이와 개구리는 보이지 않았다
겨울잠을 자러
물웅덩이 우주 안에
가장 작은 별을 만들고 있으리
침묵의 시간을
바람이 물웅덩이를 흔들고 있었다

관음사 코스 4
- 한겨울 물웅덩이

해발 770미터

지금은 안으로 안으로
당김이 필요한 시간

바람이 불어도 흔들릴 물이 없고
하늘도 나무도 비치지 않는

지난 계절 눈여겨보지 않았으면
물웅덩이인지 알아볼 수 없는

안으로 안으로 당기는
밖에는 밖에는
눈이 내려와 쌓이고
먹이를 찾는 산짐승 발자국이 찍히고

용두암 해안 도로 1

– 정지용 시비

용두암에서 시작한
내 산책의 반환점
몰래물 마을

공항 확장으로 오래 전에 떠나간
바닷가 사람들이
마을 터에 세운 애향의 비석
나는 주변을 맴돌지
내가 좋아하는 정지용 시인의
'고향'이 비석에 새겨진

≪ 고향에 고향에 돌아와도
　그리던 고향은 아니러뇨

　산꽁이 알을 품고
　뻐꾸이 제철에 울건만

내륙 지방에서 태어난 시인이
바닷가 마을에서 파도소리를 듣고 있는,
시인을 위해서가 아니라
독자들 자신을 위해서 세운
진정한 시비가 서있는
내 산책의 반환점

* 몰래물 : 사수동의 고유어임. 1979년에 제주공항 활주로 시설 확장으로 마을민 전체가 이주함.

용두암 해안도로 2
- 무인 카페

몰래물 마을 애향의 비석
길 건너편에 무인 카페 서있지
텅 빈 마을에
서구식 테라스 이층 건물이 올라가더니
횟집으로 이삼 년 영업하다
버티지 못하여
무인 카페로 전환하자 사람들로 북적이는
사람들이 떠나간 바닷가 마을에
사람들을 불러 모으는
무인 카페
내 산책의 반환점

용두암 해안도로 3

- 올레 17코스

사람들은 욕망으로
길을 내고

먼 훗날 그 길을 걸으며
욕망을 다스린다

용두암 해안도로 4

– 공항 올레

공항 철조망 울타리 끼고
시멘트 길을 걸으면
바로 눈앞에서 이착륙하는
비행기의 굉음을 만나게 되리
온 몸을 압박하는

고막을 뚫고
두뇌 신경 회로를 일순 멈추어
모든 생각을 하얗게 지워버리는
비행기 굉음을
새롭게 경험하게 되리
그들은 그렇게 오랜 세월을 살아 왔으리

아직도 발굴되지 않은 4·3 유골들
차디찬 땅 속에서라도
어린 시절을 추억하려 하면

굉음이 그 추억을 부수었으리
내가 왜 여기에 묻혀있지 의문을 가지려 하면
굉음이 그 의문을 차단했으리

공항 뒷길에서 공항 올레로 바뀐
철조망 울타리 시멘트 길을 걸으면
새롭게 기억하게 되리
수없는 사람이 떠나고 오는
수십년 세월을 어둠 속에서
굉음을 들어야 하는

용두암 해안도로 5
- 김중업 건물

그대여, 내 명소 하나 소개하니
가서 보기를

용두암에서 해 지는 쪽으로
바닷길을 가파르게 내려가다
얼마 없어 평지를 만나는 곳
이번에는 현대아파트 옆 도로를 따라
남쪽으로 오르막길을 오르면
제주대사범대부설고 한 편에
옛날 제주대 본관 건물로 쓰이던
김중업 건물이 있네

헬리곱터 모양과 같아서
우주선 모양과 같아서
부드러운 곡선에 작은 유리창
건물 밖 계단도 나선형으로 이어져

건물에 들어가면
하늘로 붕- 떠오를 것같은
묘한 분위기를 일으키는 건물
누구나 한번은 들어가 보고 싶고
누구도 한번은 인증샷을 찍고 싶게 하는
2000년대의 상상력으로
1950년대에 만든 김중업 건물

안내서에는 소개되지 않은
올레길 17코스의 또 다른 명소이니
가서 보기를
가서 확인하기를
그러나 속았다고 항의하지 않기를
그 자리에는 조립식 건물 밖에 없다고
냉동고 팬만 헬리콥터처럼 요란하게 돌아가는 학교 급식소였다고

삿대질하지 않기를

그래도

가서 보기를

가서 확인하기를

소중한 유산을 어떻게 없애버리고

그러면서 또 새로운 명소를 만든다고

호들갑을 어떻게 떠는지를

* 김중업 건물 - 현재 제주시 아라동에 위치한 제주대학교가 용담동에 소재할 때의 본관 건물로 1996년 3월 철거됨. 비행기나 호화 유람선을 닮았다는 평을 받는 이 건물은 당시 문종철 학장의 의뢰로 1959년에 설계되고 1964년에 완공됨. 젊은이들에게 꿈과 이상을 심어주려고 애써 빚은 이 작품은 해외에서 더 잘 알려져 있으며 21세기의 건축이라는 평도 들었음. 인터넷 포털에서 '김중업건물'이라고 검색하면 사진을 쉽게 볼 수 있음.

방파제를 보며 1

방파제 끝에는 등대가 있지요
외롭다는 것이지요

파도는 다가오고 다가오지만
채워지지 않는 사랑이지요

바다새는 날아와 꼭, 꼭, 가슴을 누르지만
먼 길 가면 그만인 설렘이지요

그래서 방파제는 잊혀질까봐
밤마다 누군가를 부르지요

방파제를 보며 2

해안도로를 달리다 오래된 포구에 내리면
못생긴 방파제를 만난다
돌이 성기고 시멘트가 벗겨진
방파제 위를
잠시 거닐어 보아라
잠시 느껴 보아라
자신도 모르게 거친 바닥에 앉아
바다와 이야기하는 자신을 발견하게 되리
파도는 중얼대고 다시 중얼대리
높지도 길지도 않은
어선 두세 척을
자신의 자식처럼 품에 안고 있는
방파제 끝
바다가 무서워 만들어 놓은
그렇다고 바다를 압도하지 않는
방파제 끝

못생긴 방파제는

사람이 바다와 이야기하려는 손짓이 아닐까

방파제를 보며 3

외항공사가 한창인 제주항 방파제
방파제는 힘차게 바다를 압도해가지만
멀리 뻗어갈수록 망망한 바다만 보여
방파제는 외롭다
외로움을 달래주는 것은
갈매기도 파도도 아닌
밤마다 빛을 발하는 등대도 아닌
방파제의 굵은 팔뚝을 따라
줄 지어 오고 가는 덤프트럭의
부드러운 바퀴를 느끼는가
덤프트럭이 쏟아 놓는
사방으로 근육이 솟구치는 삼발이를 느끼는가
삼발이를 정교하게 맞추어 힘을 극대화하는
기중기의 거대한 계획을 느끼는가
방파제는 멈출 수 없다
검푸른 바다의 심연이 아찔해도

망망한 바다에 홀로 외로워도
먼 대양과 대륙을 건너와 야적장에 줄 맞추어 선
대형 컨테이너들을 젖줄 삼아
삼발이를 가득 실은 덤프트럭을 따라
방파제는 계속 뻗어 나가려 한다

제3부

담팔수 1

나뭇잎은 뿌리의 꿈

내가 출근하는 연동 길
가로수 담팔수
무성한 초록잎 가지 끝 점점이 붉은 잎새들
바람과 가장 멀리서 만나는 붉은 잎새들
땅 아래
무성한 거친 뿌리를 지나
여린 흙과 가장 멀리서 만나는 뽀얀 실뿌리들
붉게 설렌다

내가 아이들과 만나러 가는 담팔수 나무

담팔수 2

꽃가루는 나무의 말소리

7월의 담팔수 나무
내가 퇴근하는 거리의 보도를
노란 꽃가루가 뒤덮네
말을 처음 시작한 아이가
꼭 다물었던 입에서 말을 터뜨리듯
옹알옹알 노란 꽃가루가
버스를 기다리는 정류장을 뒤덮네
그래도 말을 다 하지 못한 듯
시집간 딸을 오랜만에 만난 노모가
적적하던 입에서 말을 쏟아내듯
재갈재갈 누런 꽃가루가
퇴근하며 서성이는 거리를 뒤덮네
가루
꽃가루

노란 가루
오늘 하루 학교 안에서
생각으로만 끝난
무수한 생각들이
꽃가루 쌓인 나의 어깨에 쌓이네

오늘은 내가 퇴근하고 싶은 담팔수 꽃가루

시를 암송하는 시간

김명수 시인의 「발자국」을
암송하는 시간
1학년 1반 장난꾸러기
딴짓만 하려고 해
교실 귀퉁이에 서서
암송을 준비하라는 벌

몇몇 학생들 앞에 나와
제목부터 '발~자~국~'하며 큰 소리로
멋있게 암송을 마치고 간 후
1학년 1반 꾸러기에게 암송을 시키자
자신 있게 자세를 취하여
모두의 시선이 모아졌는데
그 귀여운 입에서
제목부터 '발~가~락~'
순간, 온갖 웃음이 터지는

발가락이 양말 밖으로 빵! 터지는 교실

그래도 개의치 않고
'바닷가 고요한 백사장 위에~'라며
큰소리로 암송을 시작하자
아이들은 막히는 부분에 운을 떼고
'발자국 흔적 하나 남아 있었네
파도가 밀려와 그걸 지우네
발자국 흔적 어디로 갔나?
바다가 아늑히 품어 주었네 ~'
멋있게 암송을 마치자
뜨거운 박수와 환호 소리가
꾸러기의 '발~가~락~'을
아늑히 품어주는 교실

새봄

교실 유리창 밖
마른 가지에 움트는
벚꽃 봉오리들
꽃샘추위에 움츠러든다

교실 유리창 안
사각형 공간에 떠들썩한
중학교 새내기들
조용히! 소리에 움츠러든다

교실에서

아이들을 사랑한다는 것은
아이들에게서 희망을 갖는다는 것입니다
희망없이 어찌 사랑할 수 있겠습니까
희망이 있어야 사랑할 수 있습니다
꾸짖고 돌아서면 '씨발'이라는 말이
나오는 아이에게서도 희망을 찾아야 합니다
감정으로 해결했다가는
큰일이 벌어질 수 있기 때문에
이성적으로 훈계하는 것은
이미 여러 번 지나간 일이기 때문에
그놈, 예의는 없지만 배짱 있고
자기를 강하게 표현하는 사람으로 크겠구먼
이런 희망이라도 있어야,
하다못해 '씨발'이라는 말을
나에게 하는 소리가 아니고
스스로를 못마땅해 하는 뜻으로 표현했겠지라는

희망이 있어야, 그래야
그 아이를 사랑할 수 있습니다
수업 때 개념없이 딴짓하는 아이를
사랑하기 위해서는 또 어떤 희망을 찾아야할까요
교실이라는 사각형 공간이 맞지 않는 거야
다른 공간이라면 아주 집중 잘할 텐데
이런 희망이라도 있어야,
나에게 생각할 거리를 던져주고 있구나
집중시킬 수 있는 수업을 고민하게 하는구나
하는 희망이라도 있어야, 그래야
그 아이의 모습을 견뎌낼 수 있습니다
희망은 가까이 없지만
아이들은 쉽게 변화하지 않지만, 그래도
희망이 있어야 견딜 수 있고
견디어야 사랑할 수 있습니다

생각하면

몇 년 전에 근무했던
세화중학교 창가에서 보면
저 홀로 솟아 있는 다랑쉬
오름처럼 웅크려 앉아
나와 마주하고 있는 아이
나를 괴롭힌다고
창문 밖으로 비행기가 되어 날겠다고
소동을 피우던 아이도
몇 번은 오르내렸을
그대의 등어리

세화중학교에서 보이지 않지만
멀지 않은 곳에
나뭇가지가 닿고 닿아 군락을 이루어
다른 생명체가 깃들어 살고 있는
숲 비자림

손해를 보는 방법과
이익을 보는 방법에 익숙하지 않아
급우들과 수시로 충돌하던 아이도
소풍 때마다 갔다 왔을
누구의 가슴

전근 가는 길

세화에서 애월로
동쪽에서 서쪽으로
옮겨가는 해안가 일주도로
아이들이 스쳐간다
되돌아보면
언제나 아쉬움은 생기는 것
그와 함께 홀가분함은
봄바람처럼 나를 감싸는 것
떠나면 추억일까
도착하면 설렘일까
힘들었던 아이
새봄에는 잘 견디어내길 바랄 뿐
더 잘 해보자는 다짐은
어느 선에서 멈추어 있고
해마다 아이들의 욕구는 새롭게 돋아나
그 욕구를 받아들이기에 나는 규칙적이고

그 욕구를 다듬기에 내 인내는 가볍고

어린 환자 1

어린 환자는 앞서고
아빠는 뒤에서 링거 튜브를 들고
화장실 갑니다
아들이 장염을 앓고 있습니다
하얀 복도에서
휠체어를 타고 옮기는
몸보다 환자복이 큰
또 다른 어린 환자를 만납니다
마음이 아픕니다
이번에는 혼자 링거 튜브를 들고 절룩이는
수염이 더부룩한
나이 든 어린 환자도 반갑습니다
얼굴에 욕심이 없습니다
아프면 세상이
어린 아이입니다

어린 환자 2

어머니가 병상에 있습니다
백내장 수술을 마치고
병원 처방대로
한 시간마다 안약을 넣습니다
흐린 눈동자가 불안합니다
1920년생 어린이입니다
한쪽 눈으로만 움직이는
젓가락이 서툽니다
세상의 멀고 가까움이
세상의 높고 낮음이 분명하지 않은
어린이는
그래도 출근하는 아들에게
잊지 않고 말을 합니다
차 조심하라고
그 말을 들으면
나이 오십 아들도 어느새 어린이입니다

어머니 구순

어머니 나이 구순은
나이 이름 같지가 않다
구억리, 구엄리*처럼
오래된 마을 이름 같다
손자 손녀들 모여 가족사진을 찍으면
마을 행사 끝나고 팽나무 아래서
기념사진을 찍은 주민들이 현상된다
오랜 세월이 지나
마을 모습도 많이 변했다
둥근 지붕선이 납작 가라앉은
어머니 가슴 같은 빈집이 있는가 하면
어머니 생일상같이 멋진 이층집도 있다
구부러지고 좁은 길이 반듯이 펼쳐졌지만
오른손 검지 모양으로 여전히 구부러진 길도 있다
나이 이름 같지 않는
어머니 구순은

이민을 떠난 자식 걱정으로
마을 입구에는
가로등 하나 켜 놓는다

* 구억리, 구엄리 : 제주도에 있는 마을 이름.

생일 선물

딸아이 초등학교 들어가니
남동생과
생일 선물로 뭐 받고 싶어
자기네끼리 종알종알대다가
아빠가 궁금한지
아빠, 생일 때 선물로 무얼 받고 싶어
안마하고 싶은데…
어느새 지아비 어미를 생각할
나이가 됐나 보다

나,
오랜 세월 살아온
이 세상에
생일 선물을 드릴 때가
지나가고 있다

햇빛

찾아오는 햇빛이 있지

모두가 출근한 아파트 안
고요가 채워지고
시계 초침 소리도
열대어 아홉 마리의 움직임조차도
이윽고 고요에 익숙해질 즈음
먼지마저 공중에 멈출 즈음
베란다 유리창을 반짝 두드리는 햇빛이 있지
빨래 건조대와 고무나무 화분을
역광으로 통과하며
거실 동쪽, 가슴이 빈
소파에 투명 인간으로 앉았다가
지구의 회전에 따라
거실 한가운데로 움직이는 햇빛이 있지
신문과 리모컨이 외따로 놓인 탁자를

따뜻하게 감싸고
아침에 흘린 찻물 한방울을
자기 품에 껴안고는
거실 서쪽, 전화기와 TV가 놓인
낮에는 할 말 잃은 친구들의 얼굴을
환히 간지럽히고는
모두가 아파트로 돌아오기 전에
고무나무 그림자를 길게 남기고

사라지는 햇빛이 있지

혼자

가족 넷이
음식점에서 식사를 하고 있는데

작업복을 입은
한 남자가 들어와
국밥을 시키고 후다닥 먹고 간다

나도 여러 번
저런 적 있다

섬

당신이 없더라도
시간이 재깍재깍 파도치는 바다를
섬에서 섬으로 떠납니다
기억하나요
서로 맨얼굴을 확인하고서 슬퍼하던 그 밤을
서로 언살을 비벼대며 반짝이던 그 낮을,
남방돌고래 무리가 행렬을 이루어
시간을 파도치며 따라오고 있어요
당신이 없더라도
섬이 신기루일지라도
가서 안개에 갇혀 돌아오지 못하더라도
당신이 누구인지
진실로 내가 누구인지
시간이 재깍재깍 밀려오는 바다를
섬에서 섬으로 떠납니다

문섬

서귀포 항구에서 보면
수직 절벽 울창한 숲으로 이루어진 섬
아름답지
유람선을 타고 뒤돌아가면
뒷모습은 전혀 달라지지
수심 70미터 바다 한가운데서
파이고 깎이고
나무는 듬성듬성 붙어 있고

추한 모습이지
남태평양에서 전진해오는 태풍을
온몸으로 막아
허옇게 문드러지며
진짜 아름다움이 무엇인지 말하고 있지

새벽

평소 새벽에 출근하며 가던 소롯길

사람을 만나지 못하던 길

그래서 항상 내가 먼저 간다고 생각하던 길

눈 내리는 날

내가 처음 눈을 밟고 가겠구나 생각하던 날

눈길에는 발자국이 선명히 찍혀 있었다

| 해설 |

시간 속에서 지워지는 발자국, 나무의 길을 따라 만드는 길

홍기돈(문학평론가, 가톨릭대 교수)

1. 시간 : 누가 찍고 무엇이 지우나, 백사장의 발자국 하나

생활의 면면을 담아내고 있는 까닭에 시집 『백록담』에서 김규중의 최근 심경을 읽어내는 일은 그리 어렵지 않다. 가령 「시를 암송하는 시간」을 보자. 1학년 1반 장난꾸러기가 김명수 시인의 「발자국」을 암송해야 하는 벌을 받고 있다. 벌을 서는 꾸러기가 하필 1학년 1반이니 이제 막 무언가를 시작한다는 사실이 전제되며, 꾸러기라는 데서는 '사각형 공간'이라는 학습 규격에 길들여지지 않았다는 발랄함이 약동한다. 그런데 기실 「발자국」의 내용은 꾸러기보다는 오히려 환갑이 멀지 않은 시인에게 적절해 보인다. 파도가 밀려와 백사장 위에 찍힌 발자국 하나를 지운다는 구절은 삶의 끝을 염두에 둔 지평에서야 비로소 이해가 가능하기 때문이다. 그리고 벌을 수행하는 분위기는 시종 시끌벅적하고 화기애애하다. 따라서 「시를 암송하는 시간」에서 확인할 수 있는 바는 시인과 1학년 1반 장난꾸러기 사이에 펼쳐진 시간의 거리이며, 바다가 발자국 흔적을 아늑히 품어 주듯이 꾸러기를 아늑하게 품어 안는 시인의 마음이다. 여기서 시인이 품 넓은 바다와 닮아 있다는 사실은 주목할 만하다. 시간을 중심으로 성찰을 전개한 결과 시인이 도달한 모습인 까닭이다.

시간에 대한 시인의 인식은 「발견」, 「오래된 시외버스터미널」, 「생일 선물」 등에서도 나타난다. 이제 "오십 중반을 넘어" 섰으니 "조금만 덜"이라는 마음가짐이 필요할 터인데 그것이 "가장 어렵다"는 것이 「발견」의 내용이며, 초등학교에 들어간 딸아이가 남동생과 함께 아빠의 생일 선물을 생각하고 있는 반면 자신은 "이 세상에/ 생일 선물 드릴 때"를 놓치고 있다는 반성이 「생일 선물」에서의 진술이다. 이들 시편에는 스스로를 비워나가야겠다는 다짐이 드러나고 있다. 「오래된 시외버스터미널」에서는 "그대로 고여 있는 듯한 시간"이 형상화되었다. 시인의 승용차가 네 번 바뀌는 동안에도 시외버스터미널은 한 번도 변함이 없었다. 시외버스터미널의 이러한 이미지는 친구에게 그대로 겹쳐진다. 제주의 "길을 걷는 친구는 아직도 30년 전 마음"을 간직하고 있기 때문이다. "친구는 오래된 건물을 달팽이처럼 이고서/ 아직도 문학청년의 순수와 자존으로/ 세상의 빠른 시간에 거스르며/ 그 자리 그대로 움직이며/ 살아가고 있었다"

스스로를 비워 나가야 하는 시기에 이르렀다는 자각, 앞으로만 내달리는 직선적인 시간을 달팽이의 집처럼 둥글게 구부릴 줄 알아야 한다는 인식은 자연과의 대비 속에서 더욱 깊어지는 양상이다. 「가을 나무 앞에서 2」를 보면, 시인의 시간은 "돌아갈 수 없는 지나온 길"에 대한 회한과 "살아온 만큼 여전히 살아가고 싶은 욕망"이 "두 개의 위로"를 매개로 길게 이어지고 있다. 반면 "찾아갈 봄이" 있는 나무의 시간은 가을에서 봄으로 윤회하면서 쇠락과 생성이 교차하는 면모로 드러난다. 그러니 회한과 욕망을 비워내기 위해서 시인은 나무의 여유를 끌어안을 수 있어야 할 터, 『백록담』에 실린 전체 시편들 가운데 나무가 등장하는 작품이 3분의 1에 달하는 까닭은 그로부터 추론이 가능해진다. 즉 직선적인 인간의 시간을 자연의 순환하는 시간으로 되돌리기 위한 끊임없는 노력이 이러한 결과로 현상한다는 것이다.

「피아골 산장지기」도 같은 맥락에서 읽어나갈 수 있다. 방송에서 본 산장지기의 삶은 나무의 시간에 다가서 있으나, 시인의 시간은 인간의 욕망으로 작동하는 도시의 삶에 갇혀있다. "내가 도시에서/ 야! 저기 멋있는 빌딩이 올라가네./ 저 차는 못 보던 것인데/ 저 아가씨 옷은 최첨단 패션인데 하고/ 관심 쏟는 것처럼/ 그는 피아골에서/ 야! 올해는 산수유가 매화

보다 먼저 꽃을 피우네/ 이 나비는 작년에는 보지 못했었는데/ 이 발자국은 겨울잠에서 갓 깨어난 너석 것인데 하고/ 관심 쏟았겠지"(2연) 방송을 통해 접한 피아골 산장지기의 삶이 단순한 흥밋거리에 머무르지 않고 성찰과 반성의 매개가 되었기에 「피아골 산장지기」와 같은 시는 쓰일 수 있었다. 그리고 성찰과 반성을 바탕에 깔았기 때문에 두 세계 – 예컨대 도시에서의 삶과 피아골에서의 삶 – 의 대조가 펼쳐지게 되었다. 기실 A와 B를 대조하여 주제의식을 부각시키는 작법은, 「피아골 산장지기」에서 뿐만이 아니라, 시집 『백록담』 전체에서 심심찮게 드러나는 특징이라 할 수 있다.

김규중은 마치 거울을 들여다보듯 나무와 숲을 살피면서 성찰하고 반성한다. 그러면서 스스로를 비워나가는 한편 바로 그 자리에서 "어린 환자"와도 같은 아픈 세상을 끌어안는다.(「어린 환자 1」) 파도에 지워지고 있는 백사장의 발자국 하나를 돌아보되 허무로 침몰하지 않았고, 새롭게 발자국 하나를 찍기 시작한 장난꾸러기를 아늑한 바다처럼 품어 안을 수 있는 여유는 이 가운데서 영글었다. 『백록담』은 시인이 산처럼 깊어지고 바다처럼 깊어지는 과정을 담고 있는 시집이다.

2. 창작 원리 : 자연을 닮은 인간과 인공낙원을 구축하는 인간

모든 시편에 적용할 수 있는 것은 아니나, 『백록담』에 실린 적지 않은 시편들은 비교와 대조를 원리로 삼아 창작되었다. 예컨대 「나무와 나의 손」을 보자. A. 나무는 "기둥으로만 끝나지 않고/ 다섯 가지, 열 가지로 뻗어 있다" 그래서 "바람은 가지에 걸려 잠시 쉬고/ 새는 마음 두는 곳에 둥지를 치고/ 잎은 가지에 달려 햇살을" 만날 수 있게 되었다. B. 나는 "팔로만 끝나지 않고/ 다섯 손가락, 열 손가락으로 뻗어 있다" 그래서 "딸아이에게 문자를 보내고/ 죽은 열대어 한 쌍을 땅 파서 묻고/ 구순 넘으신 어머니 다리 따뜻이" 주물러 드릴 수 있다. A와 B가 구축하는 대칭성이 선명하게 드러난다. 「새봄」의 구성 역시 마찬가지다. 두 연은 각각 A와 B에 해당하며, 「나무와 나의 손」에서 그러하듯이, A에는 자연물이 오고 B의 자리에는 인간의 생활이 놓인다.

교실 유리창 밖
마른 가지에 움트는
벚꽃 봉오리들
꽃샘추위에 움츠러든다.

교실 유리창 안

사각형 공간에 떠들썩한
중학교 새내기들
조용히! 소리에 움츠러든다.

–「새봄」 전문

「새봄」,「나무와 나의 손」의 구성과 일치하는 것은 아니지만, A와 B를 비교 · 대조하고 있다는 점에서 보자면「생각하면」의 경우도 시상의 전개방식이 크게 다르다고 보기는 어렵다. A. 세화중학교 창가에서 보이는 세계 : "저 홀로 솟아 있는 다랑쉬오름" = 세계와 불화하여 외롭게 "웅크리고 앉아" 있는 "그대(학생)의 등어리" B. 멀지 않으나 세화중학교 창가에서 보이지 않는 세계 : "나뭇가지가 닿고 닿아 군락을 이루어/ 다른 생명체가 깃들어 살고 있는/ 숲 비자림" = "소풍 때" 서로 어울려 하나가 되었을 "누구의 가슴".「피아골 산장지기」,「새봄」,「나무와 나의 손」 등에서 A와 B의 관계가 자연물 대 인간의 생활이었던 반면,「생각하면」에서는 그러한 요소가 각각의 A와 B 내부에 배치되는 것으로 변형되었을 뿐 A와 B는 여전히 비교 · 대조의 관계를 이루고 있는 것이다.

「지하주차장과 나비」에서는 A와 B의 비교 · 대조 관계가 문면 아래 숨겨져 있다. 풀밭의 풍경이 미로와 같은 지하주차장의 구조 뒤로 밀려나 있기 때문이다. 이로써 부각되는 것은

"방향 없이 날아다니는/ 지하주차장에 웬 하얀 나비"다. 하얀 나비는 왜 제 길을 찾지 못하는가. "자동차 머플러에서 바람이 불어오고/ 주차장 녹색 바닥이 풀밭처럼" 펼쳐져 있으며, 브레이크 등은 "빨간 꽃처럼" 아름답기 때문이다. 뿐만 아니라 자동차 전조등은 "여러 개의 태양으로" 돌아다니고 있다. 즉 인공물이 자연물을 대체해 버린 상황 가운데 놓인 까닭에 하얀 나비가 방향을 잃게 된 것이다. 시인은 지하주차장에서 헤매는 나비를 보고 착상하게 되었을 터이나, 자연의 질서와 인간의 일상을 비교 · 대조해 나간 다른 시편들의 연장 위에서 생각해 본다면, 하얀 나비에는 시인 자신의 모습이 반성적으로 투영되어 있다고 추론이 가능해지며, 한 단계 더 확장하여 이해할 경우 자연 바깥에서 인공낙원을 구축해온 근대인간의 초상이라고도 파악할 만하다.

정리하건대, 김규중은 앞으로 앞으로만 나아가는 직선적인 시간을 성찰하고 반성하기 위하여 나무(자연) 앞에 나섰다. 자기 삶의 방향을 순환하는 시간으로 둥글게 구부리기 위해서인데, 그 과정에서 드러나는 창작 방식의 특징이 자연의 질서와 인간의 생활을 비교 · 대조하는 것이다. 이는 물론 '하얀 나비'가 자신의 길을 찾아 나풀거리는 행로처럼 위태롭고 고단하기가 십상일 터이며, 끝내 출구를 찾지 못하게 될는지도 모른다. 감히 말하자면, 그 길은 문명의 전회와 잇닿은 사항인 까닭에 그리 쉽게 마련될 수 없기 때문이다. 그럼에도 불구하고 시인의 노력이 그저 의미 없는 도로아미타불에 불과한 행위일 리도 만무하다. 무수한 실패를 딛고 이를 푯대 삼아 한 걸음 한 걸음씩 앞으로 내딛는 존재가 바로 인간이기 때문이다. 그 지점에서 인간은 종종 우뚝한 나무처럼 제자리를 차지할 수 있는 것 아닐까.

나무는 왜 지치지 않는 걸까

일 년을 서 있어도
백년을 팔 벌려 있어도
천년을 꽃이 피고 지고 피고 지고 해도

폭풍우에 큰 가지 꺾이어도
가뭄에 나뭇잎이 메말라도
나무는 왜 지치지 않는 것일까

둥지에 새가 돌아오지 않던 날
마지막 남은 열매가 사라지던 날

나무는

왜

끝끝내

서서 죽는 것일까

–「어리석은 질문 1 – 나무」 전문

3. 지금은 안으로 당김이 필요한 시간

『벽암록(碧巖錄)』 제16칙을 보면 "하루 종일 일을 해도 한 일이 없다"(終日行而未嘗行)라는 구절이 나온다. 동학 경전에서도 비슷한 표현을 읽은 바 있다. 도(道)의 무위(無爲)를 드러낸 것이라고 어렴풋하게 이해하고 있는데, 『백록담』에 실린 「백록담 2」에서 이와 비슷한 인식을 확인하게 된다는 사실이 흥미롭다. 이는 결과가 아닌 과정으로 삶을 이해할 수 있어야만 가능해지는 입장이며, 김규중의 시 세계가 앞으로 나아갈 방향을 가늠하게 될 단서로 볼 수 있기 때문이다.

항공사진으로 내려다보면

마치 배꼽 모양을 한

백록담 분화구

탄생의 흔적으로만 남고

멸망할 때까지 아무 일도 하지 못할

지구의 배꼽

백록담 분화구

―「백록담 2」 전문

"지구의 배꼽"이라면 지구의 중심이라 할 수 있을 터이나, "흔적으로만" 남아 있을 뿐 세계의 질서를 구축하는 중심으로서의 권력과는 아무런 상관이 없다. 또한 "멸망할 때까지 아무 일도 하지 못할/ 지구의 배꼽"이기에 이루어 놓은 성취(결과)가 아닌 존재하는 과정으로만 이해될 따름이다. 기실 모든 존재는 본래 이러한 백록담의 면모와 닮아 있는 것 아닐까. 예컨대 한라산에 깃들인 노루나 꿩 따위는 제각각 자신의 방식으로 삶을 이어나갈 뿐 백록담(중심)을 향해 나아가는 일은 없다. 그러니 단일한 기준을 설정하여 위계를 나누지도 않으며, 성취를 앞세워 부러워하거나 타박하는 상황이 벌어지지도 않는다. 인간이라고 해서 이와 크게 다를 바 없다. 인간 또한 저마다의 개성과 자질이 다르니 이에 입각하여 제 멋에 겨워 살아나가면 그 뿐이며, 죽음(멸망)과 직면하여 한낱 잿더미로 전락하고 말 살아있는 동안의 성취를 절대기준으로 부여잡을 필요가 없을 테니 말이다. 그래도 인간의 삶에 의미를 부여할 수 있다면, 그것은 시간(과정) 속에서 서서히 마련할 수 있었던 존재의 깊이를 통해서나 가능할 성싶다.

관음사코스 연작 가운데 「관음사코스 2 - 물웅덩이」와 「관음사코스 3 – 늦가을 물웅덩이」 그리고 「관음사코스 4 – 한겨울 물웅덩이」는 「백록담 2」의 세계를 전제하고 읽어나갈 만하다. 한라산 관음사코스를 오르면서 보게 되는 "사람 하나 누우면 꽉 찰 크기의 웅덩이"는 "작지만 하나의 우주"이다. 이는 웅덩이가 백록담(중심)과는 무관하게 펼쳐진 하나의 완결된 세계라고 이해할 수 있겠다. 그런데 바람도 없이 웅덩이에 비친 나뭇가지가 흔들린다. "개구리가 수면에 얼굴을 내밀고/ 꾸억 꾸억 소리하고" 있기 때문이다. 이에 대한 시인의 깨달음이 흥미롭다. "나뭇가지를 흔드는 것은/ 바람만이 아니었다." 아마도 존재와 존재의 마주침은 이러한 식으로 이루어지지 않을까 싶다. 풀어서 말하자면, 어떤 하나의 완결된 소우주에도 외계의 그림자가 어느 정도는 드리워지게 마련이며, 이러한 영향이 낳은 소우주의 울림은 반향(反響)의 형태로 외계 그림자의 본체로 귀환함으로써 교통(交通)의 가능성이 열린다는 것이다.(「관음사코스 2 – 물웅덩이」)

『백록담』의 세계를 구축해 나가는 시인의 관심이 울림과 반향을 통한 교통 가능성의 확보로 나아가고 있지는 않다. 그 대신 내면 깊숙한 곳으로부터 자신의 나아갈 바를 공글리는 데 마음을 다잡고 있는 양상이다. 「관음사코스 3」과 「관음사코스 4」가 각각 "올챙이와 개구리는 보이지 않는" 늦가을, "바람이 불어도 흔들릴 물이 없고/ 하늘도 나무도 비치지 않는"

한겨울로 나아간 까닭은 여기서 추론할 수 있다. 그러니 어쩌면 김규중에게 필요한 것은 스스로 밝히고 있는 것처럼 "지금은 안으로 안으로/ 당김이 필요한 시간"일지도 모르겠다. 아마 그 시간이 흐른 뒤, 그러니까 『백록담』 뒤에 묶일 다음 시집에서 시인은 안과 밖을 함께 아우르는 방식으로 나아가게 될 것이다.

「어승생악 1」에서 시인은 "길은 어디에" 있느냐고 묻고 있다. 강점기 말기 일제는 미국에 맞서기 위해 어승생악 정상 부근에 대공포 토치카를 구축하였는바, 그리로 오가는 길이 "땅속에 매립되어" 있는 실정을 부각시키는 한편, 역사가 나아가야 할 방향을 따지기 위한 물음이다. 그렇지만 김규중은 여기에 대한 답변을 손쉽게 마련하지 않는다. 깃발을 들고 목적지를 분명하게 제시하며 앞서 나가지 않는다는 것이다. 대신 눈길에 발자국을 남기듯이 조심스럽게 자신이 선택한 정갈한 길로 나아가려 한다. 누군가가 앞서 걸었어도 그 뿐, 그 위에 발자국 하나 더할 줄 안다. 애초 어디에도 길은 없었으나, 몇 번의 반복되는 걸음과 걸음이 소롯길을 텄을 것이며, 많은 이들이 함께 한다면 소롯길은 비로소 큰 길로 열리는 법이다. 시집 『백록담』의 가장 뒤에는 그러한 마음을 담긴 시 「새벽」이 장식하고 있다.

평소 새벽에 출근하며 가던 소롯길

사람을 만나지 못하던 길

그래서 항상 내가 먼저 간다고 생각하던 길

눈 내리는 날

내가 처음 눈을 밟고 가겠구나 생각하던 날 눈길에는 발자국이 선명히 찍혀 있었다

– 「새벽」 전문